# Gorrión, gorrión

## Antología de poesía

*Alma Flor Ada*
*Francisca Isabel Campoy*

*Ilustraciones de Maribel Suarez*

Harcourt Brace & Company

Orlando  Atlanta  Austin  Boston  San Francisco  Chicago  Dallas  New York  Toronto  London

A nuestros nietos Daniel Antonio y Timothy Paul.
A nuestras nietas Camila Rosa y Samantha Rose.
A.F.A.     F.I.C.

Cover Illustration: Maribel Suárez

Copyright © by Alma Flor Ada and Isabel Campoy

All rights reserved. No part of this publication may be reproduced or transmitted in any form or by any means, electronic or mechanical, including photocopy, recording, or any information storage and retrieval system, without permission in writing from the publisher.

Requests for permission to make copies of any part of the work should be mailed to: Permissions Department, Harcourt Brace & Company, 6277 Sea Harbor Drive, Orlando, Florida 32887-6777.

HARCOURT BRACE and Quill Design is a registered trademark of Harcourt Brace & Company.

For permission to reprint copyrighted material, grateful acknowledgment is made to the following sources:

*Alicia Barreto de Corro:* "Viaje de la hormiga" by Alicia Barreto de Corro from *Viaje de la hormiga.* Published by Editorial Gráfica los Morros. Depósito legal lf 77–1761. San Juan de los Morros, Edo. Guárico, Venezuela.

*Ediciones Gondomar,* S.A.: "La punta y el tacón" from *Trabalenguas y otras rimas infantiles* by Carmen Bravo-Villasante. Text © by Carmen Bravo-Villasante and Ediciones Gondomar, S.A.

*Ediciones Mairena:* "El amor del alhelí" by Alicia Fernández Gill from *Espejitos de luna* by Alicia Fernández Gill and Manuel de la Puebla. Text copyright © 1988 by Alicia Fernández Gill, Gloriela Muñoz Arjona, and Manuel de la Puebla.

*Ediciones S.M., Madrid, Spain:* "La bufanda amarilla" and "La nube más blanca" from *La bufanda amarilla y don Abecedario* by Carlos Murciano. Text © 1990 by Carlos Murciano; text © 1990 by Ediciones S.M.

*Editorial Avante, S.A.:* "La voz de los animalitos" from *Petalitos* by A. L. Jáuregui. Text © by Editorial Avante, S.A.

*Editorial Costa Rica:* "El girasol" from *Poemas para niños-antología* by Fernando Luján. Published by Editorial Costa Rica.

*Editorial Espasa Calpe, S.A.:* "Cinco lobitos" from *Deditos y Cosquillitas* by Ana Pelegrín. Text © 1994 by Ana Pelegrín and Espasa Calpe, S.A. "Piececitos," "Comadrita, cosquillita," "Arre caballito," and "¡Que trota, que trota!" from *Misino, Gatino* by Ana Pelegrín. Text © 1993 by Ana Pelegrín and Espasa Calpe, S.A.

*Editorial Everest, S.A.:* "Debajo de un botón" from *Tito, tito* by Isabel Schon.

*Editorial Latina, S.A.:* "Verano" by Marta Giménez Pastor, "La niña toca en el piano" by Edith Vera, "La ropa y el duende" by Yali, "Cuando sea grande" by Alvaro Yunque, "Los sapitos," "A la vibora de la mar," "El patio de mi casa," "Comadrita la rana," "Yo soy la viudita," "La hormiguita y Raton Perez," "Saltar y brincar," and "Antón Perulero" from *Poesía* by Elsa Bornemann. Text copyright © 1976 by Editorial Latina, S.A. All rights reserved.

*Editorial Norma S.A.:* "Mientras la cigarra" by Cecilia Kamen from *Sol, solecito* by María Isabel Murillo. Text © 1989 by Editorial Norma S.A. "Zapatero," "Erre con erre, cigarro," and "Arriba y abajo" from *Tope tope tun* by Silvia Castrillón. Text copyright © 1987 by Editorial Norma S.A.

*Editiorial Piedra Santa:* "Mamacita" by Oscar de León Palacios from *Poemas escogidos para niños* by Francisco Morales Santos. Text © 1987 by Francisco Morales Santos.

*Editorial Planeta Argentina S.A.I.C.:* "Que llueva" from *Versos tradicionales para cebollitas* by María Elena Walsh. Text copyright 1994 by María Elena Walsh and Cía Editora Espasa Calpe Argentina.

*Editorial Trillas S.A. de C.V.:* "Jugando" from *Canciones para todo el año* by Angela Figuera Aymerich. Text © by Editorial Trillas S.A. de C.V. "Era una hormiguita" from *Versos para jugar* by Esther Jacob. Text © 1988 by Editorial Trillas, S.A. de C.V. "Cinco pollitos" from *Cuentos y versos para jugar.* Text © 1988 by Editorial Trillas, S.A. de C.V.

*Mae Galarza:* "Carpintero" from *Rimas tontas* by Ernesto Galarza. Text copyright 1971 by Ernesto Galarza.

*Hampton-Brown Books:* "Dándonos la mano" by Alma Flor Ada from *Días y días de poesía: Developing Literacy Through Poetry and Folklore* by Alma Flor Ada. Text copyright © 1991 by Hampton-Brown Books.

*Instituto de Cultura Puertorriqueña:* "La araña" from *La poesía y el niño* by Isabel Freire de Matos. Text © 1993 by Instituto de Cultura Puertorriqueña.

*María Hortensia Lacau:* "Violín y violón" and "Noticia rara" by María Hortensia Lacau from *Poesía* by Elsa Bornemann. Published by Editorial Latina, S.A.

Every effort has been made to locate the copyright holders for the selections in this work. The publisher would be pleased to receive information that would allow the correction of any omissions in future printings.

Printed in the United States of America

ISBN 0-15-306939-2

3 4 5 6 7 8 9 10   026   99 98 97

# BIENVENIDA

Abrázame muy despacio
como si fuera un gorrión
caliente y chiquito
porque soy un poema
muy tierno y cortito.

Apréndeme de memoria
para que puedas contar
siempre a otros
mi pequeña historia.

## MI CUERPO

6 **Piececitos**
*Tradicional*

7 **Las manecillas del reloj**
*Alma Flor Ada*

8 **Ojos**
*Alma Flor Ada*

8 **Pares**
*Alma Flor Ada*

9 **Los sentidos**
*Amado Nervo*

10 **Los dedos de la mano**
*Alma Flor Ada*

11 **Los hermanitos de Meñique**
*Alma Flor Ada*

12 **El color de mis ojos**
*Francisca Isabel Campoy*

## MI FAMILIA

13 **Dándonos la mano**
*Alma Flor Ada*

14 **¡Vamos, vamos!**
*Francisca Isabel Campoy*

15 **Cuando sea grande**
*Alvaro Yunque*

16 **Abuelita**
*Alma Flor Ada*

17 **Mamacita**
*Oscar de León Palacios*

18 **El pulpo**
*Alma Flor Ada*

19 **Mi familia**
*Francisca Isabel Campoy*

## LOS ANIMALES

20 **La granja**
*Alma Flor Ada*

21 **Caballito blanco**
*Tradicional*

22 **Cinco pollitos**
*Tradicional*

23 **La niña toca en el piano**
*Edith Vera*

24 **Arriba y abajo**
*Tradicional*

25 **La voz de los animalitos**
*A. L. Jáuregui*

26 **Cinco lobitos**
*Tradicional*

27 **Carpintero**
*Ernesto Galarza*

28 **La araña**
*Isabel Freire de Matos*

28 **Noticia rara**
*María Hortensia Lacau*

29 **La ardilla**
*Amado Nervo*

30 **Ballenato**
*Alma Flor Ada*

31 **Los sapitos**
*Tradicional*

## LA NATURALEZA

32 **Aquel caracol**
*Tradicional*

33 **Que llueva**
*Tradicional*

34 **El amor del alhelí**
*Alicia Fernández Gill*

36 **Viaje de la hormiga**
*Alicia Barreto de Corro*

36 **Era una hormiguita**
*Tradicional*

37 **Verano**
*Marta Giménez Pastor*

38 **El girasol**
*Fernando Luján*

39 **La bufanda amarilla**
*Carlos Murciano*

40 **La nube más blanca**
*Carlos Murciano*

## FORMAS Y COLORES

41 **Dibujar**
*Alma Flor Ada*

42 **Jugando**
*Ángela Figuera Aymerich*

42 **Cuadrado**
*Alma Flor Ada*

43 **Cómo imaginar a un extraterrestre**
*Francisca Isabel Campoy*

## JUEGOS Y RONDAS

44 **A la víbora de la mar**
*Tradicional*

45 **La ropa y el duende**
*Yali*

46 **Violín y violón**
*María Hortensia Lacau*

47 **El patio de mi casa**
*Tradicional*

48 **Comadrita la rana**
*Tradicional*

49 **Debajo de un botón**
*Tradicional*

50 **Saltar y brincar**
*Tradicional*

51 **Erre con erre, cigarra**
*Tradicional*

52 **Zapatero**
*Tradicional*

53 **Por el río Paraná**
*Alma Flor Ada*

54 **Antón Perulero**
*Tradicional*

55 **Mientras la cigarra**
*Cecilia Kamen*

56 **Yo soy la viudita**
*Tradicional*

57 **Arroz con leche**
*Tradicional*

58 **¡Que trota, que trota!**
*Tradicional*

58 **Arre caballito**
*Tradicional*

59 **Comadrita, cosquillita**
*Tradicional*

60 **Pimpón**
*Tradicional*

61 **La hormiguita y Ratón Pérez**
*Tradicional*

62 **Naranja dulce**
*Tradicional*

63 **La punta y el tacón**
*Carmen Bravo-Villasante*

64 **A, el burro se va**
*Tradicional*

# MI CUERPO

## Piececitos

*Tradicional*

Estos piececitos
fueron por nabitos
a la huerta de San Miguel.
Salió el hortelano
y echaron a correr.
¡A correr! ¡A correr!

# Las manecillas del reloj

*Alma Flor Ada*

Uno, dos, uno, dos,
las manecillas del reloj,
manos juntas bien arriba,
la campana da las doce,
dos piernas juntas, las seis
y si la izquierda está arriba
y la derecha estirada
es hora de irnos a casa
porque van a ser las tres.

# Ojos
*Alma Flor Ada*

Ventanitas del alma
ojitos de mi cara
con ellas me asomo
a la mañana.

# Pares
*Alma Flor Ada*

Un par de ojos
un par de cejas
un par de párpados
y un par de orejas.

# Los sentidos

*Amado Nervo*

—Niño, vamos a cantar
una bonita canción;
yo te voy a preguntar,
tú me vas a responder.

—Los ojos, ¿para qué son?
—Los ojos son para ver.
—¿Y el tacto? —Para tocar.
—¿Y el oído? —Para oír.

—¿Y el gusto? —Para gustar.
—¿Y el olfato? —Para oler.
—¿Y el alma? —Para sentir,
para querer y pensar.

# Los dedos de la mano

*Alma Flor Ada*

Uno, dos, tres, cuatro, cinco,
los deditos de las manos.
Uno, dos, tres, cuatro, cinco,
siempre son buenos hermanos.
Para coger, para trazar,
para aprender a contar.
Para cortar, para pegar
y aprender a dibujar.

# Los hermanitos de Meñique

*Alma Flor Ada*

—¿Cuántos hermanos tienes, Meñique?
—Yo tengo cuatro hermanitos,
  pero mi mamá, la Mano,
  tiene cinco hijitos.

# El color de mis ojos

*Francisca Isabel Campoy*

¿De qué color
ven el mar los ojos negros?
¿y los azules,
lo ven igual?

# MI FAMILIA

## Dándonos la mano

*Alma Flor Ada*

Dame tú tu mano blanca
toma tú mi negra mano,
al querernos y ayudarnos
nos volveremos hermanos.

# ¡Vamos, vamos!

*Francisca Isabel Campoy*

¡Vamos, vamos
que se hace tarde!
Que espera el día
junto a tu madre.
Leche caliente y pan dulce,
lápices y un libro grande.
¡Vamos, vamos,
que el sol tiene
mil risas que regalarte!

# Cuando sea grande

*Alvaro Yunque*

Mamá, cuando sea grande,
voy a hacer una escalera
tan alta que llegue al cielo,
para ir a coger estrellas.

Me llenaré los bolsillos
de estrellas y de cometas,
y bajaré a repartirlas
a los chicos de la escuela.

Pero a ti voy a traerte,
mamita, la luna llena,
para que alumbres la casa
sin gastar en luz eléctrica.

# Abuelita

*Alma Flor Ada*

Abuelita
cuando eras niña
y jugabas
a dormir a tu muñeca,
¿con quién soñabas?

¿Con la que sería tu hija,
mi mamá,
o conmigo,
con tu nieta?

# Mamacita

*Oscar de León Palacios*

Mamacita es dulce
como un caramelo
y sus ojos tienen
la gracia del cielo.

Cuando yo me acerco
a su corazón,
me da muchos besos
con gran emoción.

# El pulpo

*Alma Flor Ada*

Ocho brazos tiene el pulpo.
Ocho quiero tener yo.
Un brazo hace la tarea
y otro puede dibujar.
Uno sostiene un helado
sin dejarlo derramar.
Y con los cinco restantes
¡cuánto podré yo abrazar!

Un brazo abraza a mi padre,
el otro, abraza a mamá.
Y a mi abuelita querida
un abrazo de tres brazos
le voy a dar.

# Mi familia

*Francisca Isabel Campoy*

Papá, mamá,
hermana y hermanito.
Dos primos,
cuatro primas,
tres tíos
y mi abuelito.
Hoy todos juntos comimos
¡y parecía Navidad!

# LOS ANIMALES

## La granja

*Alma Flor Ada*

La granja es un mundo entero
con pollos, gallinas, gallos,
vacas, toros y caballos,
cerdos, ovejas y pato
y ¡no olvidemos al gato!

# Caballito blanco

*Tradicional*

Caballito blanco,
sácame de aquí,
llévame a mi pueblo
donde yo nací.

# Cinco pollitos

*Tradicional*

**Cinco pollitos
tiene mi tía,
uno le canta,
otro le pía
y tres le tocan
la chirimía.**

# La niña toca en el piano

*Edith Vera*

La niña toca en el piano
con un dedo,
una bella canción,
lenta, para la lombricita.
La niña toca en el piano
con dos dedos,
una bella canción,
rápida, para la hormiguita.

# Arriba y abajo

*Tradicional*

Arriba y abajo,
por los callejones,
pasa una ratita
con veinte ratones.

Unos sin colita
y otros muy colones,
unos sin orejas
y otros orejones.

Unos sin patitas
y otros muy patones,
unos sin ojitos
y otros muy ojones.

Unos sin narices
y otros narigones,
unos sin hocico
y otros hocicones.

# La voz de los animalitos

*A. L. Jáuregui*

Tengo una gatita
que sabe maullar:
¡miau, miau, miau!,
tengo dos perritos
que saben ladrar:
¡gua, gua, gua!,
tengo tres pollitos
que saben piar:
¡pío, pío, pío!,
cuatro borreguitos
que saben balar:
¡be, be, be!,
y cinco ranitas
que saben croar:
¡croa, croa, croa!

# Cinco lobitos

*Tradicional*

Cinco lobitos
tiene la loba,
cinco lobitos
detrás de la cola;
uno fue por leche,
otro fue por pan
y el otro más gordito
se quedó a merendar.

# Carpintero

*Ernesto Galarza*

Pica pica
carpintero,
pica pica
el agujero.
Dale, dale
trás, trás, trás
puro palo
comerás.

## La araña

*Isabel Freire de Matos*

Teje la arañita
su plateada red.
Se cae con la lluvia
y empieza otra vez.

## Noticia rara

*María Hortensia Lacau*

El viernes a las tres
el señor ciempiés
se calzó sus veinte
pares de zapatos
negros, al revés,
y sin más ni más
empezó a caminar
para atrás.

# La ardilla

*Amado Nervo*

La ardilla corre,
la ardilla vuela,
la ardilla salta
como locuela.

Mamá, ¿la ardilla
no va a la escuela?
—Ven, ardillita, tengo una jaula
que es muy bonita.
—No, yo prefiero
mi tronco de árbol y mi agujero.

# Ballenato

*Alma Flor Ada*

¿Cómo es que siendo un bebé,
ballenato,
eres más grande
que tantos peces viejos del mar?

# Los sapitos

*Tradicional*

Los sapos de la laguna
huyen de la tempestad;
los chiquitos dicen: tunga,
y los grandes: tungairá.
¡Sapito que tunga y tunga,
sapito que tungairá!

# LA NATURALEZA

## Aquel caracol

*Tradicional*

Aquel caracol
que va por el sol,
en cada ramita
que lleva una flor.

Que viva la gala,
que viva el amor,
que viva la gala
de aquel caracol.

# Que llueva

*Tradicional*

Que llueva, que llueva,
la vieja está en la cueva.
Los pajaritos cantan,
las nubes se levantan.
Que sí, que no,
que caiga un chaparrón.

Agua, San Marcos,
rey de los charcos,
para mi triguito
que está muy bonito;
para mi cebada
que ya está granada;
para mi melón
que ya tiene flor;
para mi sandía
que ya está florida;
para mi aceituna
que ya tiene una.

# El amor del alhelí

*Alicia Fernández Gill*

—Alhelí, alhelí,
dime ¿quién te quiere a ti?

—Me quieren el sol y el viento
y ese cielo azul turquí.

—Alhelí, alhelí,
dime, ¿quién te canta a ti?

—El ruiseñor por el día
y por la noche el coquí.

—Alhelí, alhelí,
dime, ¿quién te besa a ti?

—La mariposa y la abeja
y el pequeño colibrí.

—Alhelí, alhelí,
¿por qué floreces aquí,
tan cerca de mi ventana
y tan cerquita de mí?

—Porque aunque todos me quieren
¡yo sólo te quiero a ti!

# Viaje de la hormiga

*Alicia Barreto de Corro*

La hormiga
quiere disfrutar:
buscará una hoja
para navegar.

# Era una hormiguita

*Tradicional*

Era una hormiguita
que de su hormiguero
salió calladita
y se metió en un granero,
se robó un triguito
y arrancó ligero.

Salió otra hormiguita
del mismo hormiguero
y muy calladita
se metió al granero,
se robó un triguito
y arrancó ligero.

# Verano

*Marta Giménez Pastor*

Al verano le gusta
usar sombrilla
y comer ensalada
de apio y frutilla.

Ponerse un traje verde
largo hasta el suelo
y un sombrero de paja
con cinta y velo.

Al verano le gusta
pintar manzanas
y bañarse en el río
por las mañanas.

Andar en bicicleta
por la vereda
mientras el sol
descansa
en una estera.

# El girasol

*Fernando Luján*

¡A dormir,
a la mar,
caracol!

¡A dormir,
a la flor,
colibrí!

¡A girar,
girasol!

¡Que sí,
que no,
con la luna y el sol!

# La bufanda amarilla

*Carlos Murciano*

La Luna se puso anoche
una bufanda amarilla.
«Anda, si parece el Sol.
¡Mira!»

El gallo se equivocó
y despertó a las gallinas.
«¡Quiquiriquí! Perezosas,
¡arriba!»

Debajo de la bufanda
la Luna se sonreía.

# La nube más blanca

*Carlos Murciano*

La nube más blanca
sale de paseo.
Parece una oveja,
parece un cordero,
parece un caballo
sin su caballero.
Se estira y parece
un ancho pañuelo.
Se encoge y parece
tan sólo un recuerdo.
La nube más blanca
se duerme en el cielo,
y sin que se entere
se la lleva el viento.

# FORMAS Y COLORES

## Dibujar
*Alma Flor Ada*

¡Qué bonito aprender
a dibujar
mezclar agua y colores
pintar el mar!

Y con los marcadores
poder crear
un nuevo mundo mágico
para mirar.

# Jugando

*Ángela Figuera Aymerich*

—¿Redonda?     —La luna.
—¿Y redondo?     —El sol.
—¿Redonda?     —La bola.
—¿Redondo?     —El balón.
—¿Redonda?     —La fresa.
—¿Redondo?     —El fresón.
—¿Redonda?     —La rosca.
—¿Redondo?     —El roscón...

# Cuadrado

*Alma Flor Ada*

Una figura perfecta
tiene la forma de un dado
todos los lados iguales
y lo llamamos "Cuadrado".

# Cómo imaginar a un extraterrestre

*Francisca Isabel Campoy*

Yo lo imagino así:
un cuadrado en la cabeza
y en la oreja una cereza.
Un triángulo como brazos
y en la mano tres capazos.
Dos círculos en las piernas
y unas botas al revés.
¿Quieres imaginarlo otra vez?

# JUEGOS Y RONDAS

## A la víbora de la mar

*Tradicional*

A la víbora, víbora de la mar.
Por aquí pueden pasar.
Por aquí yo pasaré
y una niña dejaré.

Una niña, ¿cuál será?
¿La de adelante o la de atrás?
La de adelante corre más
y la de atrás se quedará.

# La ropa y el duende

*Yali*

A la medianoche, a la medianoche,
el duende travieso abrió los roperos.

—Vamos a jugar —dijo a los zapatos.
—Vamos a jugar —dijo a los sombreros.

El duende travieso se llevó la ropa
a jugar al patio bajo el limonero.

A la rueda rueda juegan los vestidos.
A las escondidas juegan los sombreros.

Juegan los zapatos en una rayuela
pintada con tiza bajo el limonero.

Jugando jugando se pasó la noche.
Jugando, la ropa volvió a su ropero.

Jugando jugando el duende travieso
se quedó dormido dentro de un sombrero.

# Violín y violón

*María Hortensia Lacau*

Tlin . . . Tlin . . .
cantan las cuerdas
de azúcar del violín.
Y su hermanito ronco
el violón,
con su voz de pastel
y crema con limón,
le contesta:
tlon . . . tlon . . .

# El patio de mi casa

*Tradicional*

El patio de mi casa
es muy particular:
se moja cuando llueve,
igual que los demás.
    Agáchate
y vuélvete a agachar,
que las agachaditas
   saben bailar.

H I J K L LL M A,
si tú no me quieres
otro amigo me querrá.

H I J K L LL M O,
si tú no me quieres
otro amigo tendré yo.

# Comadrita la rana

*Tradicional*

Comadrita la rana.
—Señor, señor.
—¿Vino su marido de España?
—Sí, señor.
—¿Qué le trajo?
—Una mantilla.
—¿De qué color?
—Verde limón.
—¿Vamos a misa?
—No tengo camisa.
—¿Vamos al sermón?
—No tengo ropón.
—¿Me presta su botijita?
—No tiene tapita.
—¿Me presta su botijón?
—No tiene tapón.

# Debajo de un botón

*Tradicional*

Debajo de un botón, ton, ton,
que encontró Martín, tin, tin,
había un ratón, ton, ton.
Ay qué chiquitín, tin, tin,
era aquel ratón, ton, ton,
que encontró Martín, tin, tin,
debajo de un botón, ton, ton.

# Saltar y brincar

*Tradicional*

Saltar y brincar.
Andar por los aires
y moverse con mucho donaire.
Déjenla sola,
solita y sola,
que la quiero ver bailar.
Saltar y brincar.
Andar por los aires
y moverse con mucho donaire.
Busque compaña,
busque compaña,
que la quiero ver bailar.
Saltar y brincar.

# Erre con erre, cigarra

*Tradicional*

Erre con erre, cigarra,
erre, con erre, barril;
rápido ruedan los carros
cargados de azúcar
del ferrocarril.

# Zapatero

*Tradicional*

Zapatero remendero,
que mete la aguja por el agujero,
que ya la he metido,
que ya la he sacado,
que date la vuelta,
que ya me la he dado.

# Por el río Paraná

*Alma Flor Ada*

En mi barquito velero
la gaviota es capitán
y armadillo el marinero.
Viendo la selva pasar
en mi barquito velero
por el río Paraná.

# Antón Perulero

*Tradicional*

Antón, Antón,
Antón Perulero,
cada cual, cada cual
atienda a su juego
y el que no
y el que no
una prenda tendrá . . .
Antón, Antón,
Antón Perulero . . .

# Mientras la cigarra

*Cecilia Kamen*

Mientras la cigarra
toca la guitarra
la oveja más vieja
le tira la oreja.

Mientras la cigarra
toca la guitarra
el gato montés
da vueltas al revés.

Mientras la cigarra
toca la guitarra
la perdiz
frunce la nariz.

## YO SOY LA VIUDITA
*Tradicional*

—Yo soy la viudita
del barrio del rey;
me quiero casar
y no sé con quién.

¿Pues siendo tan bella
no encuentra con quién?
Elija a su gusto,
aquí tiene cien.

—Con ésta, sí.
Con ésta, no.
Con esta señorita
me caso yo.

# Arroz con leche

*Tradicional*

Arroz con leche se quiere casar
con una viudita de la capital,
que sepa coser, que sepa bordar,
que ponga la aguja en el campanar.

Tilín, tilán, sopitas de pan.
Allá viene Juan, comiéndose el pan.

Yo soy la viudita, la hija del rey,
me quiero casar y no encuentro con quién:
contigo sí, contigo no;
contigo, mi vida, me casaré yo.

# ¡Que trota, que trota!
*Tradicional*

El caballito del marqués
tres celemines se come al mes.
Un puñadito de bellotas
y el caballito que trota.
¡Que trota, que trota!

# Arre caballito
*Tradicional*

Arre caballito,
vamos a Jaén,
que mañana es fiesta,
pasado también.

# Comadrita, cosquillita

*Tradicional*

—Comadre, ¿dónde va usted?
—A lavar.
—¿Qué lleva de comida?
—Un cachito de pan y queso.
—Démelo para mi gatita.
—No, que es muy golosita.
—Pues no le digo quién ha venido.
—¿Quién ha venido?
—Tu marido.
—¿Qué me ha traído?
—Un vestido.
—¿De qué color?
—De cosquillitas y cosquillón.

# Pimpón

*Tradicional*

Pimpón es un muñeco
muy lindo y de cartón,
se lava las manitas
con agua y con jabón,
se desenreda el pelo
con peine de marfil.
Cuando toma su leche
no ensucia el delantal,
pues come con cuidado
como un buen colegial.
Pimpón dame la mano
que quiero ser tu amigo,
Pimpón, Pimpón.

# La hormiguita y Ratón Pérez

*Tradicional*

La hormiguita y Ratón Pérez
se casaron anteayer.
¿Dónde fue? Yo no lo sé,
que coloretín, que coloretón.
¡Que viva la hormiga,
que viva el ratón!
Ella es buena y hacendosa
y él es muy trabajador,
que coloretín, que coloretón.
¡Que viva la hormiga,
que viva el ratón!

# Naranja dulce

*Tradicional*

Naranja dulce,
limón partido,
dame un abrazo
que yo te pido.

Si fuera falso
mi juramento,
en poco tiempo
se olvidará.

Toca la marcha
mi pecho llora;
adiós, señora,
yo ya me voy.

# La punta y el tacón

*Carmen Bravo-Villasante*

La punta y el tacón
se baila con los pies,
que a mí me lo enseñó
mi tío Rafael.
Rafael de mi vida
y de mi corazón,
enséñame a bailar
la punta del tacón.

# A, el burro se va

*Tradicional*

A, el burro se va;
E, el burro se fue;
I, el burro está aquí;
O, el burro se ahogó;
U, el burro eres tú.